AF197215

STEPHAN SIGG

TREIBSTOFF

ZÜNDENDE GEBETE ZU BRENNENDEN FRAGEN

Für junge Menschen

Tyrolia-Verlag · Innsbruck-Wien

„BREAK ON"

Liebe junge Leute!

Boxenstopps braucht es nicht nur beim Autorennen. Auch im täglichen Leben gibt es Zeiten, in denen man den eigenen „Wagen" auftanken und die Reifen wechseln muss. Wenn zum Beispiel eine Pleite in Schule oder Beruf die Laune verdirbt oder eine Freundschaft auf dem Prüfstand steht; wenn Krankheit oder gar Tod eines lieben Menschen unerwartet hereinbrechen; aber auch, wenn das Leben gerade so viel Freude bereitet, dass du es einfach „festhalten" möchtest. Dann sind „Boxenstopps" angesagt. Das können sein: Zeiten der Ruhe, Gespräche mit guten Freunden, Spaziergänge in der Natur, Gebete.

Für eben solche Boxenstopps liefert dieses Gebetbuch den passenden „Treibstoff". Es macht Mut, regt zum Denken an, fordert heraus, stellt in Frage. Es lässt auftanken, indem es immer wieder neu sagt, dass wir dem Leben trauen können, weil Gott es mit uns lebt.

Ich wünsche euch viel Freude mit den griffigen Texten und den peppigen Bildern, beim Beten den „zündenden Funken" und volles Durchstarten beim neuen „Go!"

Eugen Runggaldier
Generalvikar der Diözese Bozen-Brixen

7. Auflage 2023
© 2007 Verlagsanstalt Tyrolia
Layout, Bilder und digitale Gestaltung: stadthaus 38, Innsbruck
Druck und Bindung: Alcione, Lavis (I). ISBN 978-3-7022-2821-7
E-Mail: buchverlag@tyrolia.at. Internet: www.tyrolia-verlag.at

INHALT >

GOTT – TREIBSTOFF FÜR MEIN LEBEN

Du bist der **BEAT**
meines Lebens
Du bist der Schlag,
der mich bestimmt
Du bist der **RHYTHMUS**,
DER MICH ZUM TANZEN BRINGT
Du bist die Musik,
die in meinen Adern fließt,
die das Blut pulsieren lässt

DU BIST der Leader,
nach dem ich Ausschau halte,
der nachts mit der hellen Fackel
vorausmarschiert,
der mich coacht
für jede neue Hürde

Du knipst die Lichter an,
sicherst mich
bei jeder Kletterpartie
VOM ANFANG BIS ZUM ENDE

Du bist der DJ
mit dem Sound,
der nie aus der Mode gerät,
der die Menschen zusammenführt,
Jung und Alt,
sie Hand in Hand zum Tanzen bringt

Kein Ruhetag

24 Stunden, 7 Tage die Woche
ohne einen Ruhetag, ohne Sommerpause
und Winterurlaub

Kein Anstehen in der Warteschlange,
kein langes Hin und Her,
kein Warten bis zum nächsten freien Termin

Du hast immer Zeit
Du bist immer da für mich

Keine schnelle Abfertigung
Keine Rush Hour
Ich bin für dich kein lästiger Bittsteller,
der stört und nervt und Zeit raubt

Niemand wird von dir abgewimmelt,
weil dir gerade was anderes wichtiger ist
oder du deine Ruhe brauchst

Bei dir wartet niemand vor verschlossener Tür
Egal ob Regen oder Schnee,
deine Sprechstunden werden nicht verschoben

Du bist da für sie, für ihn, für mich, für uns
Dafür danke ich dir

Herr,
oft wünsch ich mir
ein ZEICHEN von dir
eine Kurznachricht
mit der FROHEN BOTSCHAFT

Die mir sagt,
was ich zu tun und lassen habe
Die mir verrät,
was die ZUKUNFT bringt
Die mir Mut schenkt
Im Attachment eine große Portion
Hoffnung

Es wär leichter
mit einer Nummer von dir,
an die ich mich wenden kann,
nicht lange warten muss auf Antwort:
DEINE WORTE schwarz auf weiß,
eindeutig und ohne Zweifel

Herr,
lass mich erkennen,
WAS DU MIR SAGEN WILLST,
wie du die Zeichen gibst,
was die Stimme in mir spricht,
dass ich lerne,
deine Botschaften
zu deuten

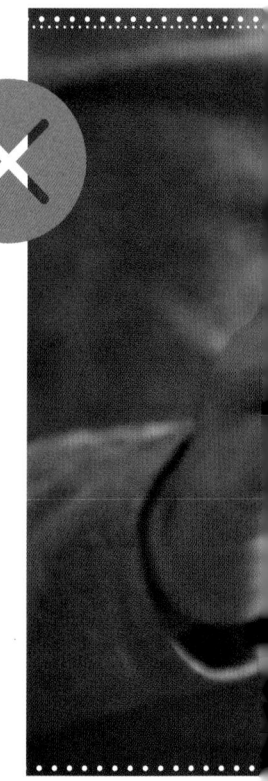

Vitamintabletten
In täglicher Dosierung
Gemüse und Salat
Kein Fett
Statt Zucker
Light-Produkt

Fitnessdrinks
Von Klein auf
geimpft
Das Geld
im Banksafe
verwahrt

Im Telefonbuch
Ein Arzt für jeden Schmerz
und jede Angst
Für jedes Problem
die richtige Stelle

Versichert, 1000fach
geschützt
vor jedem Schicksalsschlag
behütet

Und doch kann
ein Sturm, ein Beben,
der Bruchteil einer Sekunde
die Welt ins Wanken bringen
Die Bedrohung lauert überall

Ich will lernen
Mehr auf dich zu vertrauen
Mich nicht in Alltagssorgen zu verlieren

Auf dich zu bauen,
dass du mich bewahrst,
beschützt,
meine Lebensversicherung bist

Versichert

JESUS,
deiner Fahrroute folgen,
auch wenn ich dabei manchmal
ein Hindernis umkurven muss

Gib mir den Treibstoff, das Benzin,
das nie endet, bis ich irgendwann
am Ziel meiner Reise bin

JESUS,
stoß mich an, schieb mich,
wenn mein Motor streiken will
Dass ich sicher über den Berg komme

JESUS,
gib mir Airbags, wenn andere mir
bedrohlich nahe kommen
Dass sie mich bewahren
vor einem zu festen Aufprall

JESUS,
gib mir die Straßenkarte,
damit ich nicht in die falsche Richtung fahre ▶

TREIBSTOFF

Erzählen

Ich möchte
anderen
von deiner Botschaft
erzählen

In der Schule
Auf dem Fußballplatz
In den Chats
WorldWide
erzählen,
was du gibst

Ich möchte
sie die *Kraft* spüren lassen,
die du schenkst
mit deiner Botschaft

Jeden Tag aufs Neue
erzählen,
was du mir bedeutest

Jesus,
Du bist der Star
Der keinen roten Teppich braucht
Um groß zu sein

Der den Oscar weiterreicht
Die Film-Gala verpasst
Weil du bei den Armen bist

Der auf der Leinwand
Nicht die Fäuste ballt
Sondern den Gegner
Mit Worten bannt

Der die Limousinentüren
Weit aufreißt
Für alle Einsamen
Dieser Welt

Der sich nicht von
Muskulösen Bodyguards
Schützen lässt
Die Menge
Nicht mit Selfies
Sondern mit Hoffnung speist

Star

... GIBT ES DICH WIRKLICH?

Warum wir!

Warum
ist es um uns leer
Warum sind unbewohnt
die anderen Planeten,
die sich da draußen drehn?

Warum
sorgt die Sonne
nur bei uns
für die richtige Temperatur?

Nur bei uns
dient die Luft
zum Atmen

sprießen im Frühling
die Blumen,
fällt im Winter der Schnee

Diese
Vollkommenheit
kann kein Produkt
des Zufalls sein

Darum ahne ich
Darum glaube ich
Dass jemand
Unsere Welt,
Dich und mich
Geschaffen hat

WIE SOLL ICH AN-DICH GLAUBEN?

Manchmal
fällt es mir schwer
AN-DICH ZU GLAUBEN

Wenn ich sehe
Was um mich herum passiert
Wie Kinder sterben
Wie Gewalt Leben zerstört
Völlig sinnlos
Und doch immer wieder

Manchmal
fällt es mir sehr schwer
an dich zu glauben

Wenn ich höre
Dass noch immer
Menschen verhungern
Jeden Tag
An Krankheiten leiden
Bis zum bitteren Tod
Gefoltert werden
Inmitten moderner Hochsicherheitstrakts

Manchmal
fällt es mir sehr schwer
        zu glauben

**WARUM LÄSST EINER
DAS ZU?**

Will er es nicht
Anders?

Wer weiß?

Wer sagt mir,
dass es nach meinem Ende
an einem anderen Ort,
in einer anderen Zeit
auf andre Weise
weitergeht?

Wer weiß,
ob wir uns alle
danach wiedersehen:
versöhnt, vereint, erlöst?

Wer war dabei
Als die Erde sich bildete
Die Sonne Feuer fing
Das erste Leben entstand?

Wer beweist
Dass die Worte der Bibel
Nicht nur von Menschenhand
Niedergeschrieben
Mehr als eine naive Hoffnung sind?

Der große **Knall**

Unsere Erde
Ein Planet
Unter vielen
Ein kleiner Teil
In der Unendlichkeit
Des Kosmos

Entstanden
Vor Milliarden
Von Jahren
Lange vor den Dinos
Der Steinzeit

Kann ein Knall
Die Ursache sein
Dass ich heute atme
Mein Herz schlagen höre
Träume mich durch die Nacht begleiten
Dass Vögel zwitschern
Die Sonne jeden Morgen
Zum Himmel steigt
Um abends den Horizont
Rot zu färben?

Kann eine Explosion
Der Grund sein
Dass im Frühling
Der Goldregen neu erblüht
Die Wiese ergrünt
Dass ich leben kann
Mit allen Farben und Gerüchen?

wenn es dich gibt
Warum fließen noch immer
Tränen aus unschuldigen Augen?

wenn du unsre Bitten erhörst
Warum leiden noch immer
Menschen an Kummer und Schmerz?

wenn du uns beschützt
Warum raubt in einer Sekunde
ein Erdbeben, ein Sturm
das Leben tausender Kinder?

wenn es dich gibt
Warum gibt es noch Sorgen?
Warum hast du uns nicht
von all dem befreit?

gs nich gibt

VIEL WIRD ERZÄHLT

über dich und deine Taten
Der Pfarrer in der Kirche
Die Missionare auf der Strasse
Fromme Worte, eine MENGE Wunder
Und doch
fällt es mir nicht leicht
dir nachzufolgen

Hat je einer
deine Wunder bewiesen
Hast du Blinde
sehend gemacht
Und Taube
hörend?

KEINE BEWEISE

Keine Beweise

Keine Forscher,
die für deine Schritte
auf dem Wasser
eine ANTWORT finden,
die Brotvermehrung
naturwissenschaftlich
deuten

Und doch muss
da etwas gewesen sein
Etwas, das die Menge
staunen ließ
Dass das Volk dich feierte
Wie den neusten SUPERSTAR
Weil du ihr Herz berührtest
Weil sie an dich glaubten
Und nicht an den neusten
Forschungsbericht

WIE SONST

Hätten deine Worte
bis heute überlebt?

Wäre ich **du**,
dann wär alles anders,
dann wär es aus
mit Krieg und dem Streit

Wäre ich **an deiner Stelle**,
würde hier unten ständig
die Sonne scheinen

Wär ich **dort oben**,
wären die Spitäler geschlossen
und die Beerdigungsinstitute
längst in Konkurs,
weil Krankheit und Tod
schon lange ausgestorben sind

Wäre ich **du**,
dann könnten Babys
schon bei der Geburt
lesen und schreiben
und hätten alle
Matheformeln im Kopf

Wäre ich **du**,
suchte man vergeblich
nach Tränen und Kummer,
weil die ganze Menschheit
miteinander versöhnt
Feste um Feste feiert

Wäre ich du

DEINE WUNDER & MEINE TALENTE

Das Wun

Ich möchte
keinen Tag vergessen:

Dass ich ein Wunder bin

Perfekter als jeder Computer
Einzigartiger als jede Technik
Kostbarer als jede Maschine

Ich möchte
mich immer wieder erinnern:

Dass ich keine Massenware bin
Keine Kopie, sondern *Original*
Kein Gerät ohne Seele,
sondern ein Wunder
mit HERZ und GEFÜHL

Das möchte ich
in keiner Sekunde
vergessen

der

Schönheit

entdecken

Von den Plakaten
Lächeln die dünnen Körper
Mit knappen Kleidern
Perfekte Haut, die Zähne
Blendend weiß

Du hast mir
Meinen Körper
Geschenkt
Einzigartig
Unter Milliarden
Kein zweiter
Wie ich
Ein Kunstwerk
Für sich

Hilf mir
Meine Schönheit
Zu erkennen
Meine Schwächen
Anzunehmen

Äußerlichkeiten
Nicht zu viel Gewicht
Zu schenken
In jedem
Das Besondere
Zu erkennen

Anstatt nach dem
Skalpell zu greifen
Gierig nach Einheitsmaßen
Den perfekten Körper
Operiert, zurecht geschnippelt
Von Kopf bis Zeh

Aber innen leer,
vereinsamt, ausgehöhlt

Öffne meine Augen
Für das, was jeden Menschen
zum Einzigartigen krönt

Prüfungsruhe

Schenk mir **Ruhe**
Den Überblick zu wahren
Die Aufgaben zu bewältigen
Die Rätsel zu lösen

Schenk mir **Klarheit**
Die Aufgabe zu verstehen
Mein gelerntes Wissen
Mit den richtigen Worten
Aufs Blatt zu bringen

Schenk mir **Sicherheit**
Wenn ich auf kein Resultat komme
Wenn ich wanke
Zwischen zwei Ergebnissen
Der Blackout mich
Zu verschlingen droht

Schenk mir den **Durchblick**
Dass ich die Prüfung
Nach meinen Kräften
Bewältigen kann

heil mich

Heil mich,
mach mich ganz

Kleb ein Pflaster
auf meine Wunden
Creme mich ein

Entfern die Kratzer
Damit ich mich wieder
Wie eine neue Vinyl-Platte
Ohne Störung weiter dreh

Drück auf
Damit mein Song
Von neuem ertönt
Mit ganzer Energie

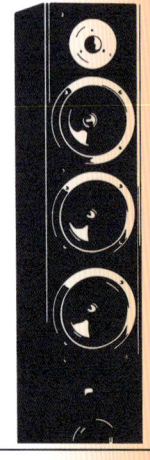

Schließ mich wieder an
An deinen Strom
Damit mein Bass
In voller Lautstärke
Loslegt

Du hast mir Talente gegeben
Ich kann manches besser
als meine Freunde
Manches schlechter
als sie

Ich bin nicht
Der Schnellste
Der Stärkste
Der Schlauste
Der Klügste
Der Schönste

Oft fühl ich mich
total unbegabt
unbeholfen
ziellos
in der weiten Welt

Doch in mir
LAUERN QUALITÄTEN,
die nicht jeder hat,
um die mich manche beneiden

Hilf mir, meine Talente
zu erkennen,
sie zu nutzen
In der Schule, zu Hause, im Sport,
in meinem Beruf
Dass auch die anderen
was davon haben
Dass wir teilen, einander ergänzen
mit unsren verschiedenen
Talenten

Kann mir jemand sagen
Warum ich hier bin
Wo liegt da der Sinn
Dass ich bin, wer ich bin?

Dass ich hier lebe
im **Schlaraffenland**
Fastfood in jeder Hand
Coolen Poster an der Wand

In jedem Supermarkt
Was mein Herz begehrt
Mehr als man je verzehrt
Läuft da nicht was verkehrt?

Denn anderswo ist der
Kühlschrank gähnend leer
Und es fragen sich täglich immer mehr
Wo krieg ich morgen mein Essen her?

Kann's mir jemand sagen?

Kann mir jemand erklären
Warum ich in der Schule sitze
Afrika mit seiner brütenden Hitze
Kennt Kinderarbeit statt Lehrerwitze

Und kann mir irgendwer erzählen
Warum ich träum von einem großen Haus
Ruhm und tosenden Applaus
Einem Leben in Saus und Braus?

Während anderswo
Wachsender **Hunger** und **Not**
Täglich das Leben bedroht
Jeder Tag geprägt von Leid und Tod

Ist es Zufall
Oder hat jemand entschieden
Ob in Krieg oder Frieden
Deine Wurzeln liegen?

Verzeih
MEINE HOFFNUNGSLOSIGKEIT,
meine Angst vor der Prüfung,
die lächerlich übertrieben war

Verzeih
mein mangelndes Vertrauen
Als meine Freundin sich
für einen anderen entschied

Verzeih,
dass ich manchmal
kein Morgen sah
Und am Sinn meiner Gebete
zweifelte

Verzeih,
dass ich mich
in stickigen Clubs
zudröhnen ließ
von lauter Musik,
um nicht mehr denken
zu müssen,
was richtig und falsch ist

Verzeih,
dass ich mich
betäubte mit Alkohol,
mit Drogen
Und immer tiefer
in die Sucht geriet

Verzeih
meine Ungeduld,
meinen kleinen Horizont
Als mir das Warten zu lange ging
Und ich auf Biegen und Brechen
meine Träume selber erfüllen wollte

Verzeih

Hilf mir,
wenn die nächste
Hürde kommt
und ich es nicht
mehr zu schaffen glaube,
mich verheddre und stolpere

Wenn die **Anforderung**
größer ist
als mein Wissen
und ich zu ertrinken drohe
in der Flut von Fragen,
der Leere auf dem Blatt

Hilf mir,
wenn die **Last**
mich zu erdrücken droht
und ich mich vor
Aufgaben nicht retten kann

Wenn die Woche endlos
weit und die Tage
ein Marathonlauf
nach dem andern sind

Hilf mir
Niederlagen zu ertragen
mit Weisheit,
Hoffnung auf Sonntag
und dem Glauben an dich

Hilf
mir

SEI BEI MIR

Du hast uns
Aus dem Sklavenhaus befreit
Damals
Die Freiheit geschenkt

Und wieder
Lassen wir uns fesseln
Für ein bisschen Geld
Für ein bisschen Spaß
Für ein bisschen Vergnügen

Verkaufen wir uns
An die dunkle Macht
Lassen uns einspannen
Vor einen Luxus-Schlitten
Voll Neid und Gier
Nach Mehr

Sei bei mir,
wenn ich meinen Kampf beginne,
mich befreie
von Fesseln und Zwang
Sei bei mir,
wenn ich andere Menschen suche,
um nicht allein
zum Horizont zu ziehen

NUR MIT DIR
KÖNNEN WIR UNS LÖSEN

SEI BEI MIR

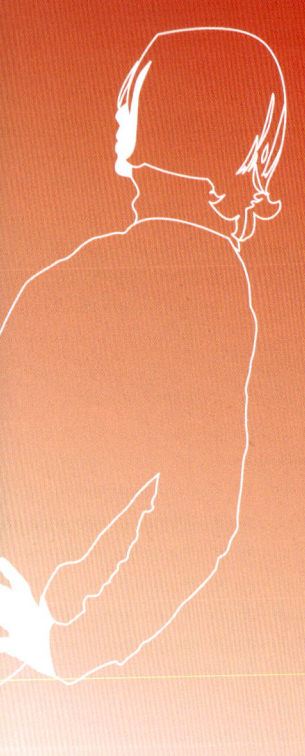

Heil mein
ZERBROCHENES HERZ
Heil meine
zerkratzte Seele
Wisch meine Tränen ab

Lass mich
neue Hoffnung spüren
Den Menschen zu finden
DEN EINEN UNTER TAUSENDEN
Der sein ganzes Leben
mit mir teilen will

Mit mir durch
dick und dünn geht
IN GUTEN WIE IN SCHLECHTEN ZEITEN

Schick mir den Menschen
Der auf mich wartet
Der sich nach mir sehnt
Den ich brauche
Dem ich alles geben kann,
mit dem ich streiten,
mich versöhnen
gemeinsam deine Botschaft leben kann
Eine EHRLICHE LIEBE, Vertrauen und Treu
Und der für mich geschaffen ist
Heute, morgen, übermorgen

Öffne mich,
damit er nicht
unerkannt
an mir vorübergeht

Ehrliche
Liebe

24

Wie eingeschweißt
unter kalter Alufolie
Geh ich durch die Welt
ABGESCHNÜRT
Abgesperrt
von der Außenwelt

Die Gefühle
Tiefgekühlt
Lächeln ist
Mangelware
Und wenn doch
Dann nur gespielt
Wie in Heidi Klums
neuester Show
Auf Knopfdruck
Eine kurze Szene lang

Ich rede
Ich höre
Und doch
Lässt mich alles kalt
Berührt mich nichts

Denn meine Gefühle
Sind tiefgekühlt
WEGGESPERRT
Hinter dicken Gitterstäben

Öffne mein Herz
Damit ich anderen
Menschen
Ein Lächeln schenken
Aufmerksamkeit geben
Gefühle teilen kann

TIEFGEKÜHLT

Gute Noten,
gutes Betragen

und doch
haben sie
einem anderen
die **Chance** gegeben

Gewünscht
Gehofft
Dich gebeten
Geträumt
Von dieser Stelle

Wieder abgelehnt

Gib mir
neuen Mut,
neue **Hoffnung**
Leite mich
Dass ich eine Insel finde
Im Meer der rauen Wirtschaftswelt

Dass ich eine Chance
Bekomme
Eine Stelle,
die mir liegt,
wo ich mich entfalten kann

Neuen
MUT

Lass mich
In mir deine Stimme hören
Damit ich mich entscheiden kann
Damit ich weiß, wie's weiter geht
Und in welche Richtung ich abbiege

WELCHE STRASSE MICH INS MORGEN FÜHRT
Welche Lehre mir am besten liegt
Welche Schule mich interessiert
Welcher Beruf mein Interesse weckt

Lass mich
In mir deine Stimme hören
Damit der Kompass mir die Richtung weist
In eine lebbare Zukunft
Damit ich mich für das Richtige entscheide

Straße ins Morgen

DIE HÖLLE SIND DIE ANDEREN

Nicht vor 2000 Jahren

28

Nicht vor 2000 Jahren
Zählte dein Wort
Sondern heute
Mehr denn je

Nicht vor langer Zeit
Geschahen die Wunder
Von denen sich alle erzählten
Sondern heute
Geschehen sie Tag für Tag
Wenn man genauer hinsieht

Das Mädchen,
das mir die Tür aufhält
Das Auto,
das mir den Vortritt lässt

Die Frau, die mir
ihren Regenschirm leiht
Der Busfahrer,
der ein paar Sekunden
länger stehen bleibt

Überall geschehen
sie, damals wie heute

KLASSENGEIST

Sende deinen Geist
Damit er uns verbindet,
uns eint für ein gemeinsames Ziel
Dass wir einander helfen,
wenn jemand nicht mehr weiterkommt,
nur noch Bahnhof versteht
und die Vokabeln HIEROGLYPHEN bedeuten
Dass wir uns nicht konkurrieren,
sondern Seite an Seite
jedem beim Vorwärtskommen helfen

Sende DEINEN GEIST
Dass unsere Klasse zusammenrückt,
einander die Hände reicht
und die bösen Worte verschwinden
Dass sich ALLE wohl fühlen
und nicht nur die Lauten,
die Obercoolen, die Machos
Dass jede, jeder eine Stimme hat,
die gehört wird

Sende uns deinen Geist
Als Zeichen für unsere EINHEIT

Schick mir einen Menschen

Schick mir einen Menschen,
der mich versteht,
einen Menschen,
der meine Sorgen kennt,
der weiß, wie es ist,
sich herumzuschlagen
mit einer Verletzung

Schick mir einen Menschen,
der ein Stück mit mir geht,
mit einem offenen Ohr
Einen Menschen,
der mir hilft beim nächsten Schritt
ins Morgen

Rache ist ...

Dir zahl ich's heim!
schreit es tief in mir drin
Ich werde mich rächen
Das lass ich nicht auf mir sitzen
Der hat es nicht anders verdient
Der muss es endlich lernen

Der Lehrer,
der meine Zeugnisnote abrundet
- ich war immer engagiert dabei
Der Trainer,
der mir die rote Karte zeigt
- obwohl ich mich an die Regeln hielt
Meine Kollegin,
die mich vor allen bloßstellte
Mein Bruder, der meine Kopfhörer klaute
Warum hat er mich nicht gefragt?

Ich werde es allen heimzahlen!
Auge um Auge, Zahn um Zahn
Man muss sich doch wehren
Sonst geht man unter,
sonst verliert man die Würde

Aber wird dadurch
etwas ungeschehen gemacht,
mein Zorn begraben?

Unverstanden

Was ich sage,
ist falsch
Was ich mache,
ist nicht richtig
Jeder meckert
über mich und meine Pläne

Mum & Dad
verstehen mich schon lang nicht mehr
Mein Lehrer schüttelt bloß den Kopf

Kein Verständnis
für meine Ideen,
für eine andere Meinung

Eine Wand zwischen
uns / die vielen Jahre
Ich erkläre
Trotzdem schlägt es keine Wurzeln
Die Melodie verhallt
unerhört in den Weiten

Ich liebe sie
Doch es fällt mir nicht mehr so leicht,
es ihnen zu zeigen
Die Zeit der Kindergesten ist Vergangenheit

Schenk uns deine Liebe,
damit sie uns neu verbindet,
uns stärkt, neu zusammenrauft
Dass wir mehr Verständnis
füreinander finden
Nicht immer stur und blind
auf die eigene Idee beharren

Heute bat mich
Die Nachbarin
Um die Matheaufgaben
Doch ich hab sie ihr nicht gegeben
Später hat es mir leid getan

Gestern rief meine Freundin an
Nach 19:40 Uhr, ich hab sie vertröstet
Denn das Fußballspiel hatte soeben begonnen
Hinterher hab ich mir Sorgen um sie gemacht

Letzte Woche kam mein Bruder
Mit dem Englischbuch
Ich hab ihn weggeschickt
Weil im Radio gerade ein super Song erklang

Manchmal fällt es mir schwer
Spontan zu reagieren
Weil Überraschungen sich nicht
An Stundenpläne halten
Weil man sich nicht auf sie
Einstellen kann

Öffne mich, damit ich freier werde
Dass ich mich löse
von meinem Alltagsplan
Und Unvorhergesehenes
nicht aufgeschoben wird
bis zum Tag X

Frei werden

Nächstenliebe

Du sollst den Nächsten lieben
Wie dich selbst

Doch es ist nicht leicht,
jeden anzunehmen,
wie er ist
und was er sagt

Liebe deinen Nächsten
Wie dich selbst
Auch wenn er
Lügen in die Welt setzt
Über dich

Auch wenn er
das Versprechen bricht,
dir den Rücken zudreht

Auch wenn er
bei den anderen
falsch über dich spricht
Beim Sport
dich foult

Es ist nicht leicht,
aber nicht unmöglich

WIR SIND GEFRAGT!

Brot-
Rap

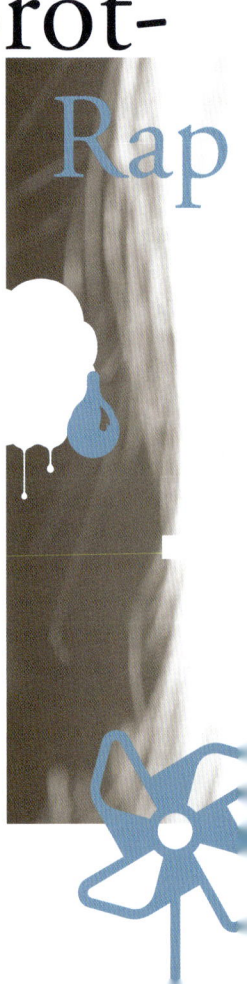

Jede Stunde, alle Tage
schlimmer als jede Plage
sterben Mensch und Kind,
weil sie am falschen Ort geboren sind
Wie lang soll das so weitergehn?
KANN ES NICHT VERSTEHN,
will es nicht mehr sehn,
dass wir in Luxus leben,
ohne andren was abzugeben
Wo bleibt GERECHTIGKEIT?
Ich will sie jetzt und nicht
in ferner Ewigkeit

Ich fordere:
Brot für die Welt
Und Geld
für die Armen
Einen Platz im Warmen
Brot für alle und nicht
bloß für die reiche Schicht
Damit endlich ein Tag anbricht,
wo niemand mehr leiden muss
Ich ermahn euch bis zum Überdruss,
denn es muss so sein

Ich hoff, das geht in eure Schädel rein
Brot für die Welt
Und ganz viel Geld

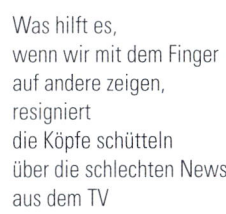

Was hilft es,
wenn wir mit dem Finger
auf andere zeigen,
resigniert
die Köpfe schütteln
über die schlechten News
aus dem TV

Die Botschaft muss lebendig werden

Nicht nur schöne Worte sprechen
Und vom Paradies träumen,
wo es allen besser geht
Während heute schon wieder
tausende Babys verhungern
Im Nachbarland die Bombe explodiert
Gift in die Erde sickert
Ein Kind allein zu Hause wartet,
weil niemand Zeit hat,
sich seinen Fragen zu stellen

36

Die Botschaft muss lebendig werden

In dir, in mir, in uns allen
Gemeinsam zum Ziel
Kein Zögern, kein Wanken
Kein faules Zurücklehnen
in den Fernsehsessel

Das Evangelium wartet schon lange
Nicht auf Fingerzeigen,
trauriges Kopfschütteln,
Verzweiflung oder Depression
Sondern auf unseren ersten Schritt
Heute, jetzt und hier

Lebendig werden

Lass uns teilen
Brot, Hamburger
Und Wasser
Weil es sich
Gemeinsam
Besser essen lässt

Lass uns teilen
Milch, Kaffee
Und Kartoffeln
Unser Wissen,
die Ideen
von einem Leben,
in dem es allen besser geht

Lass uns finden
Die Waffen
der Gewaltlosigkeit
und die Gefängnisse
ohne Gitter

Lass uns teilen,
was wir haben und
was uns fehlt
Damit die Hoffnung
Wächst

Lass *Lass uns teilen*

Alles, was wir besitzen
Alles, was uns mangelt
Weil es sich dann
von selber zum Bessern wendet

ns teilen

37

Gib mir Mut
Wenn alle zu feige sind
FÜR ANDERE EINZUSTEHEN
Mit der Wahrheit herauszurücken
Weil sie dem Freund
keinen Vorteil bringt

Gib mir *Vertrauen*
Meine Stimme zu erheben,
wenn ein Mensch
hinausgeworfen wird
Behindert wird beim Träumen

Wenn er ohne Chance ist
Etwas zu erreichen
Dass ich mich zu ihm stelle

Gib mir *Mut*
Den Finger zu erheben
Wenn andere mit dem Finger
auf den Nächsten zeigen
Und auf die Farbe
in seinem Gesicht

Weil der Klang seiner Worte
anders klingt
Und er für Herz „srce" verwendet
Gib mir Mut,
ihn bekannt zu machen
mit unseren Sitten

38

Für andere einstehen

Nicht in Afrika,
nicht irgendwo im Osten,
nicht hinter den Sieben Bergen,
nicht dort, wo der Pfeffer wächst

Vor meiner Tür, in meinem Zimmer,
an meiner Schulbank, auf dem Pausenplatz,
im Bus, im Zug, auf dem FUSSBALLFELD

Nicht auf den andern warten
Sondern selbst beginnen
Bei jedem Menschen,
der meinen Weg kreuzt
Schwarz, Weiß, Jung, Alt
Dick, Dünn, Groß, Klein
Jeder, der mir BEGEGNET

FRIEDEN
fängt bei mir an

Frieden muss beginnen
Bei uns, bei mir
An jedem neuen Tag

Gib uns Augen
Die sich nicht verschließen
vor ARMUT UND DUNKELHEIT,
vor den Slums
in meiner Stadt,
vor den Obdachlosen
in meiner Straße

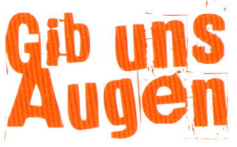

Gib uns Augen

Gib uns Augen
Die erkennen
Wenn mein Nachbar
einsam ist
Wenn das Mädchen
von nebenan
seine PROBLEME
in Bier ertränkt

Gib uns Augen
Die erkennen
Wenn mein BRUDER
nicht mehr an Morgen glaubt

DASS WIR SEHEN,
WO HILFE FEHLT

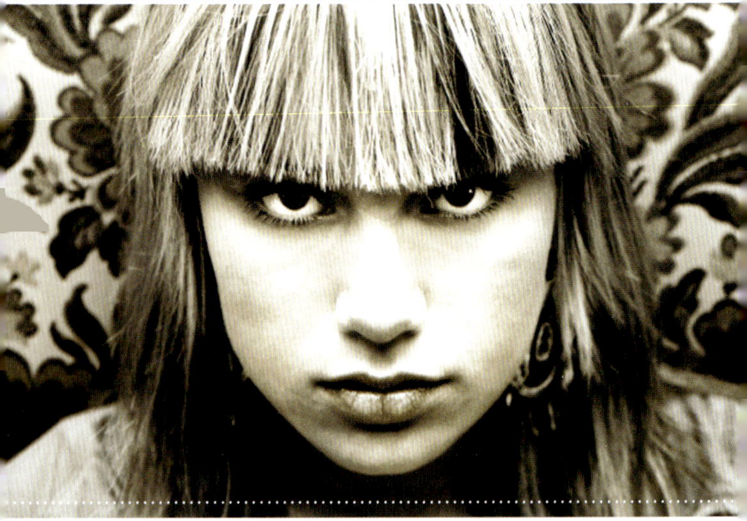

WAS WIRKLICH ZÄHLT ...

Noch mehr

Noch mehr Kohle
Noch mehr Klamotten
Ich hetze in die Stadt
durch die Shopping-Tempel
Ich sehne mich
Nach dicken Plastiktüten
in meinen Händen
Nach neuen Waren
Nach der neuesten Mode
Nach dem letzten Schrei
Nach Coolness pur
Und jeder Menge Trend-Marken

Mein Schrank
füllt sich mit teuren Stoffen
Meine Lipgloss-Schublade
quillt über
Als könnte sie mich schützen
vor Elend und dem Schlechten der Welt

Ich wünsche mir
Glücklich zu sein
Bis jetzt habe ich das
in keinem Geschäft entdeckt

Lass mich
Zufriedenheit
Finden
Mit mir
Und meiner Welt

Oft hängt mein **HERZ**
an Klamotten,
teuren Designer-Kleidern,
neuen Sneakern

Oft klammere ich mich
an cooles Make-up,
irre Special-Effects
in angesagten Clubs

Oft lasse ich mich berauschen
von einer wilden Party-Nacht
Schnellen Kontakten
Kurzen Gesprächen
über Alles und Nichts

Ohne wirklich ganz
dabei zu sein

Lass mich entdecken
WAS BLEIBT
Was nicht vergeht
Mit der nächsten Mode

Lass mich entdecken
Was wirklich zählt

WAS WIRKLICH ZÄHLT

42

Oft verschwende ich
Gedankenlos
Die Schätze dieser Welt

Sauberes Wasser
Plätschert in die Toilette
Mit jeder Spülung
Literweise

Papier landet
Im MÜLL
Joghurts verderben
Im Kühlschrank
Der Tank leert
Sich mit jedem Kilometer
Zaubert graue Wolken an den Himmel

GIFT sickert in die Erde
Macht das Meer zum blauen GRAB
Verpackungen sättigen
Die Mülldeponien
Vor der Stadt

Öffne meine Augen

Für die Schätze dieser Welt
Dass auch noch unsere Kinder
Deine Schöpfung erkennen können

43

Schätze dieser Welt

Oft handle ich
Unüberlegt
Lebe einfach so
in den Tag hinein
Verschwende Stunden
Gleichgültig
Und voller Überdruss

Manchmal
Habe ich keine Lust
Auf den neuen Tag
Und sehne mir
den Abend herbei
Vergesse, dass ich was Kostbares
in meinen Händen halte

Manchmal erkenne ich
Erst zu spät,
dass ich wieder
den Sonnenschein versäumt,
mich im Nebel gequält habe

Ich möchte
Sinnvoll leben,
intensiv und erfüllt
das Wesentliche erkennen

Öffne meine Augen,
mein Herz, meinen Verstand
Dass ich meine Zeit
nicht verschwende

Sinnvoll leben

PLATZ IN MEINEM TERMIN-PLANER

Ich lass mich **HETZEN**
von einem Termin zum nächsten,
von einer Prüfung zur andern
Mein Termin-Planer ist voll
Tag für Tag

KAUM ZEIT
Für eine Pause,
um Luft zu holen,
die Augen zu öffnen
Für das Einzige,
das zählt

HILF MIR
Zur Ruhe zu kommen
Im Lärm dieser Welt
Das Licht zu sehen
Im Dunkel dieser Tage

TAG FÜR TAG,
Nacht für Nacht
Dir einen festen Platz
in meinem Kalender zu geben

was ewig bleibt

Mehr als
Die teuersten Label-Schuhe
Der aktuelle Streaming-Hit
Das witzigste Comic-Buch
Die heißeste Jeans

DENN VON IHNEN SPRICHT SCHON MORGEN KEINER MEHR

Mehr als der witzigste Kino-Film
Der hübscheste Star, der die Charts regiert
Das teuerste Parfüm
Das krasseste Snowboard
Von der angesagtesten Marke

WEIL SIE MORGEN SCHON ZUR VERGANGENHEIT GEHÖREN

Mehr als das frechste T-Shirt
Die Serie der Stunde
Der größte Party-Room
Der mutigste Skateboarder

Lass mich dir näher sein
DAS FINDEN, DAS EWIG BLEIBT

Hier und anderswo

Warum können wir uns sorgen
um Shirts vom Designer,
abgefahrene Outfits
aus Übersee

die Kalorien eines Hamburgers
aus dem Fastfood-Shop um die Ecke?

Warum ist die verpatzte Mathe-Prüfung
der Weltuntergang,
der Grund für tagelange Niedergeschlagenheit?

Warum der Pickel auf meiner Stirn
der Grund für schlaflose Nächte
und der Zeiger auf der Waage
morgens der erbarmungslose Richterspruch?

Während anderswo
die Frage nach dem Brot
tagtäglich keine Antwort findet,
die Suche nach dem Wasser
nie zu Ende geht

die Angst vor Terror
keinen schlafen lässt?

Danke
für den neuen Morgen,
für den neuen Tag,
für das Butterbrot
auf meinem Teller

Danke
für den Sonnenaufgang,
für das neue Licht

Danke
für das Vogelzwitschern
auf dem Weg zur Schule,
für die ersten Frühlingsblumen,
die in den Vorgärten
ihre Köpfe recken

Danke
für den lauen Wind
in meinem Haar,
für meine Clique,
die winkend an der Kreuzung
auf mich wartet

danke